Victor H

Guerre aux démolisseurs

Essai

ISBN : 978-3-96787-115-9

10 9 8 7 6 5 4 3 2 1

Victor Hugo

Guerre aux démolisseurs

Essai

Table de Matières

Guerre aux démolisseurs

Une Note sur la destruction des monuments en France, signé du même nom que les lignes qu'on va lire, a été dernièrement publiée, par hasard et avec d'innombrables fautes d'impression, dans un des recueils du jour de l'an. D'autres recueils et des journaux fort répandus ont répété cette Note, malheureusement avec toutes les fautes d'impression qui en défiguraient le sens. Dans cet aperçu, écrit en 1825, et d'ailleurs très incomplet, des nombreuses dévastations d'édifices nationaux qui se font à-la-fois, et sans qu'on y songe, sur toute la surface de la France, l'auteur se promettait de revenir souvent sur ce sujet, à propos et hors de propos. Il vient aujourd'hui remplir cette promesse.

Il faut le dire et le dire haut, cette démolition de la vieille France, que nous avons dénoncée plusieurs fois sous la restauration, se continue avec plus d'acharnement et de barbarie que jamais. Depuis la révolution de juillet, avec la démocratie, quelque ignorance a débordé et quelque brutalité aussi. Dans beaucoup d'endroits, le pouvoir local, l'influence municipale, la curatelle communale a passé des gentilshommes qui ne savaient pas écrire aux paysans qui ne savent pas lire. On est tombé d'un cran. En attendant que ces braves gens sachent épeler, ils gouvernent. La bévue administrative, produit naturel et normal de cette machine de Marly qu'on appelle la centralisation, la bévue administrative s'engendre toujours comme par le passé du maire au sous-préfet, du sous-préfet au préfet, du préfet au ministre ; seulement elle est plus grosse.

Notre intention est de n'envisager ici qu'une seule des innombrables formes sous lesquelles elle se produit aux yeux du pays émerveillé. Nous ne voulons traiter de la bévue administrative qu'en matière de monuments, et encore ne ferons-nous qu'effleurer cet immense sujet que vingt-cinq volumes in-folio n'épuiseraient pas.

Nous posons donc en fait qu'il n'y a peut-être pas en France à l'heure qu'il est une seule ville, pas un seul chef-lieu d'arrondissement, pas un seul chef-lieu de canton, où il ne se médite, où il ne se commence, où il ne s'achève la destruction de quelque monument historique national, soit par le fait de l'autorité centrale, soit par le fait de l'autorité locale de l'aveu de l'autorité centrale, soit par le fait des particuliers sous les yeux et avec la tolérance de l'autorité locale.

Nous avançons ceci avec la profonde conviction de ne pas nous tromper, et nous en appelons à la conscience de quiconque a fait, sur un point quelconque de la France, la moins excursion d'artiste et d'antiquaire. Chaque jour quelque vieux souvenir de la France s'en va avec la pierre sur laquelle il était écrit. Chaque jour nous brisons quelque lettre du vénérable livre de la tradition. Et bientôt, quand la ruine de toutes ces ruines sera achevée, il ne nous restera plus qu'à nous écrier avec ce Troyen qui du moins emportait ses dieux :

    Fuit Ilium et ingens
Gloria !

Et à l'appui de ce que nous venons de dire, qu'on permette à celui qui écrit ces lignes de citer, entre une foule de documents qu'il pourrait produire, l'extrait d'une lettre à lui adressée. Il n'en connaît pas personnellement le signataire, qui est, comme sa lettre l'annonce, homme de goût et de cœur ; mais il le remercie de s'être adressé à lui. Il ne fera jamais faute à quiconque lui signalera une injustice ou une absurdité nuisible à dénoncer. Il regrette seulement que sa voix n'ait pas plus d'autorité et de retentissement. Qu'on lise donc cette lettre, et qu'on songe, en la lisant, que le fait qu'elle atteste n'est pas un fait isolé, mais un des mille épisodes du grand fait général, la démolition successive et incessante de tous les monuments de l'ancienne France.

Charleville, 14 février 1832.

« Monsieur,

« Au mois de septembre dernier, je fis un voyage à Laon (Aisne) mon pays natal. Je l'avais quitté depuis plusieurs années : aussi, à peine arrivé, mon premier soin fut de parcourir la ville... Arrivé sur la place du Bourg, au moment où mes yeux se levaient sur la vieille tour de Louis d'Outremer, quelle fut ma surprise de la voir de toutes parts bardée d'échelles, de levier et de tous les instruments possibles de destruction. Je l'avouerai, cette vue me fit mal. Je cherchais à deviner pourquoi ces échelles et ces pioches, quand vint à passer M. Th..., homme simple et instruit, plein de goût pour les lettres et fort ami de tout ce qui touche à la science et aux arts. Je lui fis part à l'instant de l'impression douloureuse que me causait la destruction de ce vieux monument. M. Th..., qui la partageait, m'apprit que, resté seul des membres de l'ancien conseil municipal, il avait été seul pour combattre l'acte dont nous étions en ce moment témoins ; que ses efforts n'avaient rien pu. Raisonnements, paroles, tout avait échoué. Les nouveaux conseiller, réunis en majorité contre lui, l'avaient emporté. Pour avoir pris un peu chaudement le parti de cette tour innocente, M. Th... avait été même accusé de carlisme. Ces messieurs s'étaient écriés que cette tour ne rappelait que les souvenirs des temps féodaux, et la destruction avait été votée par acclamation. Bien plus, la ville a offert au soumissionnaire qui se charge de l'exécution, une somme de plusieurs mille francs, les matériaux en sus. Voilà le prix, du meurtre, car c'est un véritable meurtre ! M. Th... me fit remarquer sur le mur « voisin l'affiche d'adjudication en papier jaune. En tête était écrit en énormes caractères : « DESTRUCTION DE LA TOUR DITE DE LOUIS D'OUTREMER. Le public est prévenu, etc. »

« Cette tour occupait un espace de quelques toises. Pour agrandir le marché qui l'avoisine, si c'est là le but qu'on a cherché, on pouvait sacrifier une maison particulière dont le prix n'eût peut-être pas dépassé la somme offerte au soumissionnaire. Ils ont préféré anéantir la tour. Je suis affligé de le dire à la honte des Laonnois : leur ville possédait un monument rare, un monument des rois de la seconde race ; il n'y en existe plus aujourd'hui un seul. Celui de Louis IV était le dernier. Après un pareil acte de vandalisme, on apprendra quelque jour sans surprise qu'ils démolissent leur belle cathédrale du onzième siècle, pour faire une halle aux grains. »[1]

---

1 Nous ne publions pas le nom du signataire de la lettre, n'y étant point formelle-

Les réflexions abondent et se pressent devant de tels faits.

Et d'abord ne voilà-t-il pas une excellente comédie ? Vous représentez-vous ces dix ou douze conseillers municipaux mettant en délibération la grande destruction de la tour dite de Louis d'Outremer ? Les voilà tous, rangés en cercle, et sans doute assis sur la table, jambes croisées et babouches aux pieds, à la façon des turcs. Écoutez-les : il s'agit d'agrandir le carré aux choux et de faire disparaître un monument féodal. Les voilà qui mettent en commun tout ce qu'ils savent de grands mots depuis quinze ans qu'ils se font anucher le Constitutionnel par le magister de leur village. Ils se cotisent. Les bonnes raisons pleuvent. L'un a argué de la féodalité, et s'y tient l'autre allègue la dîme ; l'autre, la corvée ; l'autre, les serfs qui battaient l'eau des fossés pour faire taire les grenouilles ; un cinquième, le droit de jambage et de cuissage ; un sixième, les éternels prêtres et les éternels nobles ; un autre, les horreurs de la Saint-Barthélemi ; un autre, qui est probablement avocat, les jésuites, puis ceci, puis cela ; puis encore cela et ceci ; et tout est dit : la tour de Louis d'Outremer est condamnée.

Vous figurez-vous bien, au milieu du grotesque sanhédrin, la situation de ce pauvre homme, représentant unique de la science, de l'art, du goût, de l'histoire ? Remarquez-vous l'attitude humble et opprimée de ce paria ? L'écoutez-vous hasarder quelques mots timides en faveur du vénérable monument ? Et voyez-vous l'orage éclater contre lui ? Le voilà qui ploie sous les invectives. Voilà qu'on l'appelle de toutes parts carliste, et probablement carlisse. Que répondre à cela ? C'est fini. La chose est faite. La démolition du « monument des âges de barbarie » est définitivement votée avec enthousiasme, et vous entendez le hurra des baves conseillers municipaux de Laon, qui ont pris d'assaut la tour de Louis d'Outremer !

Croyez-vous que jamais Rabelais, que jamais Hogarth, auraient pu

ment autorisé par lui, mais nous le tenons en réserve pour notre garantie. Nous avons cru devoir aussi retrancher les passages qui n'étaient que l'expression trop bienveillante de la sympathie de notre correspondant pour nous personnellement.

trouver quelque part faces plus drolatiques, profils plus bouffons, silhouettes plus réjouissantes à charbonner sur les murs d'un cabaret ou sur les pages d'une batrachomyomachie ?

Oui, riez. — Mais, pendant que les prud'hommes jargonnaient, croassaient et délibéraient, la vieille tour, si longtemps inébranlable, se sentait trembler dans ses fondements. Voilà tout-à-coup que, par les fenêtres, par les portes, par les barcabanes, par les meurtrières, par les lucarnes, par les gouttières, de partout, les démolisseurs lui sortent comme les vers d'un cadavre. Elle sue des maçons. Ces pucerons la piquent. Cette vermine la dévore. La pauvre tour commence à tomber pierre à pierre ; ses sculptures se brisent sur le pavé ; elle éclabousse les maisons de ses débris ; son flanc s'éventre ; son profil s'ébrèche ; et le bourgeois inutile, qui passe à côté, sans trop savoir ce qu'on lui fait, s'étonne de la voir chargée de cordes, de poulies et d'échelles plus qu'elle ne le fut jamais par un assaut d'Anglais ou de Bourguignons.

Ainsi, pour jeter bas cette tour de Louis d'Outremer, presque contemporaine des tours romaines de l'ancienne Bibrax, pour faire ce que n'avaient fait ni béliers, ni balistes, ni scorpions, ni catapultes, ni haches, ni dolabres, ni engins, ni bombardes, ni serpentines, ni fauconneaux, ni couleuvrines, ni les boulets de fer des forges de Creil, ni les pierres à bombardes des carrières de Péronne, ni le canon, ni le tonnerre, ni la tempête, ni la bataille, ni le feu des hommes, ni le feu du ciel, il a suffi au dix-neuvième siècle, merveilleux progrès ! d'une plume d'oie, promenée à peu-près au hasard sur une feuille de papier par quelques infiniment petits ! méchante plume d'un conseil municipal du vingtième ordre ! plume qui formule boiteusement les fetfas imbéciles d'un divan de paysans ! Plume imperceptible du sénat de Lilliput ! plume qui fait des fautes de français ! plume qui ne sait par l'orthographe ! plume qui, à coup sûr, a tracé plus de croix que de signatures au bas de l'inepte arrêté !

Et la tour a été démolie ! et cela s'est fait ! et la ville a payé pour cela ! on lui a volé sa couronne, et elle a payé le voleur !

Quel nom donner à toutes ces choses ?

Et, nous le répétons, pour qu'on y songe bien, le fait de Laon n'est pas un fait isolé. À l'heure où nous écrivons, il n'est pas un point en France où il ne se passe quelque chose d'analogue. C'est plus ou c'est moins, c'est peu ou c'est beaucoup, c'est petit ou c'est grand, mais c'est toujours et partout du vandalisme. La liste des démolitions est inépuisable ; elle a été commencée par nous et par d'autres écrivains qui ont plus d'importance que nous. Il serait facile de la grossir il serait impossible de la clore. On vient de voir une prouesse de conseil municipal. Ailleurs, c'est un maire qui déplace un peulven pour marquer la limite du champ communal ; c'est un évêque qui ratisse et badigeonne sa cathédrale ; c'est un préfet qui jette bas une abbaye du quatorzième siècle pour démasquer les fenêtres de son salon ; c'est un artilleur qui rase un cloître de 1460 pour rallonger un polygone ; c'est un adjoint qui fait du sarcophage de Théodeberthe une auge aux pourceaux.

Nous pourrions citer les noms. Nous en avons pitié. Nous les taisons.

Cependant il ne mérite pas d'être épargné, ce curé de Fécamp qui a fait démolir le jubé de son église, donnant pour raison que ce massif incommode, ciselé et fouillé par les mains miraculeuses du quinzième siècle, privait ses paroissiens du bonheur de le contempler, lui curé, dans sa splendeur à l'autel. Le maçon qui a exécuté l'ordre du béat, s'est fait des débris du jubé une admirable maisonnette qu'on peut voir à Fécamp. Quelle honte ! qu'est devenu le temps où le prêtre était le suprême architecte ! maintenant le maçon enseigne le prêtre !

N'y a-t-il pas aussi un dragon ou un housard qui veut faire de l'église de Brou, de cette merveille, son grenier à foin, et qui en demande ingénument la permission au ministre ! N'était-on pas en train de gratter du haut en bas la belle cathédrale d'Angers, quand le tonnerre est tombé sur la flèche, noire et intacte encore, et l'a brûlée, comme si le tonnerre avait eu, lui, de l'intelligence, et avait mieux aimé abolir le vieux clocher que de le laisser égratigner par des conseillers municipaux ! Un ministre de la restauration n'a-t-il pas rogné à Vincennes ses sept tours, et à Toulouse ses beaux remparts ? N'y a-t-il pas eu à Saint-Omer un préfet qui a détruit aux trois quarts les magnifiques ruines de Saint-Bertin, sous prétexte de donner du travail au ouvriers ? Dérision ! si vous êtes des administrateurs tellement médiocres, des cerveaux tellement stériles, qu'en présence des routes à ferrer, des canaux à creuser, des rues à macadamiser, des ports à curer, des landes à défricher, des écoles à bâtir, vous ne sachiez que faire de vos ouvriers, du moins ne leur jetez pas comme une proie nos édifices nationaux à démolir, ne leur dites pas de se faire du pain avec ces pierres ; partagez-les plutôt, ces ouvriers, en deux bandes, que toutes deux creusent un grand trou, et que chacune ensuite comble le sien avec la terre de l'autre. Et puis payez-leur ce travail. Voilà une idée. J'aime mieux l'inutile que le nuisible.

À Paris, le vandalisme florit et prospère sous nos yeux. Le vandalisme est architecte. Le vandalisme se carre et se prélasse. Le vandalisme est fêté, applaudi, encouragé, admiré, caressé, protégé, consulté, subventionné, défrayé, naturalisé. Le vandalisme est entrepreneur de travaux pour le compte du gouvernement. Il s'est installé sournoisement dans le budget, et il le grignote à petit bruit, comme le rat son fromage. Et certes, il gagne bien son argent. Tous les jours il démolit quelque chose du peu qui nous reste de cet admirable vieux Paris. Que sais-je ? le vandalisme a badigeonné Notre-Dame, le vandalisme a retouché les tours du Palais-de-Justice, le vandalisme a rasé Saint-Magloire, le vandalisme a détruit le cloître des Jacobins, le vandalisme a amputé deux flèches sur trois à Saint-Germain-des-Prés. Nous parlerons peut-être dans quelques instants des édifices qu'il bâtit. Le vandalisme a ses journaux, ses coteries, ses écoles, ses chaires, son public, ses raisons. Le vandalisme a pour lui les bourgeois. Il est bien nourri, bien renté, bouffi d'orgueil, presque savant, très classique, bon logicien, fort théoricien, joyeux, puissant, affable au besoin, beau parleur, et content de lui. Il tranche du Mécène. Il protège les jeunes talents. Il est professeur. Il donne de grand prix d'architecture. Il envoie des élèves Rome. Il est député, et il refuse à Ingres les fresques de la chambre pour les adjuger à on ne sait qui. Il porte habit brodé, épée au côté et culotte française. Il est de l'Institut. Il va à la cour. Il donne le bras au roi, et flâne avec lui dans les rues, lui soufflant ses plans à l'oreille. Vous avez dû le rencontrer.

Quelquefois il se fait propriétaire, et il change la tour magnifique de Saint-Jacques-de-la-Boucherie en fabrique de plomb de chasse, impitoyablement fermée à l'antiquaire fureteur ; et il fait de la nef de Saint-Pierre-aux-Bœufs un magasin de futailles vides, de l'Hôtel de Sens une écurie à rouliers, de la Maison-de-la-Couronne-d'or une draperie, de la chapelle de Cluny une imprimerie. Quelquefois il se fait peintre en bâtiments et il démolit Saint-Landry pour construire sur l'emplacement de cette simple et belle église une grande laide maison qui ne se loue pas. Quelquefois il se fait greffier, et il encombre de paperasses la Sainte-Chapelle, cette église qui sera la plus admirable parure de Paris, quand il aura détruit Notre-Dame. Quelquefois il se fait spéculateur, et dans la nef déshonorée de Saint-Benoît, il emboîte violemment un théâtre, et quel théâtre ! Opprobre ! le cloître saint, docte et grave des bénédictins, métamorphosé en je ne sais quel mauvais lieu littéraire !

Sous la restauration, il prenait ses aises et s'ébattait d'une manière aussi aimable, nous en convenons. Chacun se rappelle comment le vandalisme, qui alors aussi était architecte du roi, a traité la cathédrale de Reims. Un homme d'honneur, de science et de talent, M. Vitet, a déjà signalé le fait. Cette cathédrale est, comme on sait, chargée du haut en bas de sculptures excellentes qui débordent de toutes parts son profil. À l'époque du sacre de Charles X, le vandalisme, qui est bon courtisan, eut peur qu'une pierre ne se détachât par aventure de toutes ces sculptures en surplomb, et ne vînt tomber incongrument sur le roi au moment où sa majesté passerait ; et sans pitié, et à grand coups de maillet, et trois grands mois durant, il ébarba la vieille église ! — Celui qui écrit ceci a chez lui un débris curieux de cette exécution.

Depuis juillet, il en a fait une autre qui peut servir de pendant à celle-là, c'est l'exécution du jardin des Tuileries. Nous reparlerons quelque jour et longuement de ce bouleversement barbare. Nous ne le citons ici que pour mémoire. Mais qui n'a haussé les épaules en passant devant ces deux petits enclos usurpés sur une promenade publique ? On a fait mordre au roi le jardin des Tuileries, et voilà les deux bouchées qu'il se réserve. Toute l'harmonie d'une œuvre royale et tranquille est troublée, la symétrie des parterres est éborgnée, les bassins entaillent la terrasse, c'est égal, on a ses deux jardinets. Que dirait-on d'un fabricant de vaudevilles qui se taillerait un couplet ou deux dans les chœurs d'Athalie ! Les Tuileries, c'était l'Athalie de Le Nôtre.

On dit que le vandalisme a déjà condamné notre vieille et irréparable église de Saint-Germain-l'Auxerrois. Le vandalisme a son idée à lui. Il veut faire tout à travers Paris une grande, grande, grande rue. Une rue d'une lieue ! Que de magnifiques dévastations chemin faisant ! Saint-Germain-l'Auxerrois y passera, l'admirable tour de Saint-Jacques-de-la-Boucherie y passera peut-être aussi. Mais qu'importe ! une rue d'une lieue ! Comprenez-vous comme cela sera beau ! une ligne droite tirée du Louvre à la barrière du Trône ! d'un bout de la rue, de la barrière, on contemplera la façade du Louvre. Il est vrai que tout le mérite de la colonnade de Perrault est dans ses proportions et que ce mérite s'évanouira dans la distance ; mais qu'est-ce que cela fait ? on aura une rue d'une lieue ! de l'autre bout, du Louvre, on verra la barrière du Trône, les deux colonnes proverbiales que vous savez, maigres, fluettes et risibles comme les jambes de Potier. Ô merveilleuse perspective !

Espérons que ce burlesque projet ne s'accomplira pas. Si l'on essayait de le réaliser, espérons qu'il y aura une émeute d'artistes. Nous y pousserons de notre mieux.

Les dévastateurs ne manquent jamais de prétextes. Sous la restauration, on gâtait, on mutilait, on défigurait, on profanait les édifices catholiques du moyen-âge, le plus dévotement du monde. La congrégation avait développé sur les églises la même excroissance que sur la religion. Le sacré-cœur s'était fait marbre, bronze, badigeonnage et bois doré. Il se produisait le plus souvent dans les églises sous la forme d'une petite chapelle peinte, dorée, mystérieuse, élégiaque, pleine d'anges bouffis, coquette, galante, ronde et à faux jour, comme celle de Saint-Sulpice. Pas de cathédrale, pas de paroisse en France à laquelle il ne poussât, soit au front, soit au côté une chapelle de ce genre. Cette chapelle constituait pour les églises une véritable maladie. C'était la verrue de Saint-Acheul.

Depuis la révolution de juillet, les profanations continuent, plus funestes et plus mortelles encore, et avec d'autres semblants. Au prétexte dévot a succédé le prétexte national, libéral, patriote, philosophe, voltairien. On ne restaure plus, on ne gâte plus, on n'enlaidit plus un monument, on le jette bas. Et l'on a de bonnes raisons pour cela. Une église, c'est le fanatisme ; un donjon, c'est la féodalité. On dénonce un monument, on massacre un tas de pierres, septembrise des ruines. À peine si nos pauvres églises parviennent à se sauver en prenant cocarde. Pas une Notre-Dame en France, si colossale, si vénérable, si magnifique, si impartiale, si historique, si calme et si majestueuse qu'elle soit, qui n'ait son petit drapeau tricolore sur l'oreille. Quelquefois on sauve une admirable église en écrivant dessus : Mairie. Rien de moins populaire parmi nous que ces sublimes édifices faits par le peuple et pour le peuple. Nous leur en voulons de tous ces crimes des temps passés dont ils ont été les témoins. Nous voudrions effacer le tout de notre histoire. Nous dévastons, nous pulvérisons, nous détruisons, nous démolissons par esprit national. À force d'être bons français, nous devenons d'excellents welches.

Dans le nombre, on rencontre certaines gens auxquels répugne ce qu'il y a d'un peu banal dans le magnifique pathos de juillet, et qui applaudissent aux démolisseurs par d'autres raisons, des raisons doctes et importantes, des raisons d'économiste et de banquier. — À quoi servent ces monuments ? disent-ils. Cela coûte des frais d'entretien, et voilà tout. Jetez-les à terre et vendez les matériaux. C'est toujours cela de gagné. — Sous le pur rapport économique, le raisonnement est mauvais. Nous l'avons déjà établi dans la note citée plus haut, ces monuments sont des capitaux. Un grand nombre d'entre eux, dont la renommée attire les étrangers riches en France, rapportent au pays au-delà de l'intérêt de l'argent qu'ils ont coûté. Les détruire, c'est priver le pays d'un revenu.

Mais quittons ce point de vue aride, et raisonnons de plus haut. Depuis quand ose-t-on, en pleine civilisation, questionner l'art sur son utilité ? Malheur à vous si vous ne savez pas à quoi l'art sert ! On n'a rien de plus à vous dire. Allez ! démolissez ! utilisez ! Faites des moellons avec Notre-Dame de Paris. Faites des gros sous avec la Colonne.

D'autres acceptent et veulent l'art, mais à les entendre, les monuments du moyen-âge sont des constructions de mauvais goût, des œuvres barbares, des monstres en architecture, qu'on ne saurait trop vite et trop soigneusement abolir. À ceux-là non plus il n'y a rien à répondre. C'en est fini d'eux. La terre a tourné, le monde a marché depuis eux ; ils ont les préjugés d'un autre siècle ; ils ne sont plus de la génération qui voit le soleil. Car, il faut bien que les oreilles de toute grandeur s'habituent à l'entendre dire et redire, en même temps qu'une glorieuse révolution politique s'est accomplie dans la société, une glorieuse révolution intellectuelle s'est accomplie dans l'art. Voilà vingt-cinq ans que Charles Nodier et madame de Staël l'ont annoncée en France ; et s'il était permis de citer un nom obscur après ces noms célèbres, nous ajouterions que voilà quatorze ans que nous luttons pour elle. Maintenant elle est faite. Le ridicule duel des classiques et des romantiques s'est arrangé de lui-même, tout le monde étant à la fin du même avis. Il n'y a plus de question. Tout ce qui a de l'avenir est pour l'avenir. À peine y a-t-il encore, dans l'arrière-parloir des collèges, dans la pénombre des académies, quelques bons vieux enfants qui font joujou dans leur coin avec les poétiques et les méthodes d'un autre âge ; qui poètes, qui architectes ; celui-ci s'ébattant avec les trois unités, celui-là avec les cinq ordres ; les uns gâchant du plâtre selon Vignole, les autres gâchant des vers selon Boileau.

Cela est respectable. N'en parlons plus.

Or, dans ce renouvellement complet de l'art et de la critique, la cause de l'architecture du moyen-âge, plaidée sérieusement pour la première fois depuis trois siècles, a été gagnée en même temps que la bonne cause générale, gagnée par toutes les raisons de la science, gagnée par toutes les raisons de l'histoire, gagnée par toutes les raisons de l'art, gagnée par l'intelligence, par l'imagination et par le cœur. Ne revenons donc pas sur la chose jugée et bien jugée ; et disons de haut au gouvernement, aux communes, aux particuliers, qu'ils sont responsables de tous les monuments nationaux que le hasard met dans leurs mains. Nous devons compte du passé à l'avenir. Posteri, posteri, vestra res agitur.

Quant aux édifices qu'on nous bâtit pour ceux qu'on nous détruit, nous ne prenons pas le change ; nous n'en voulons pas. Ils sont mauvais. L'auteur de cette note maintient tout ce qu'il a dit ailleurs[1] sur les monuments modernes du Paris actuel. Il n'a rien de plus doux à dire des monuments en construction. Que nous importent les trois ou quatre petites églises cubiques que vous bâtissez piteusement çà-et-là ? Laissez donc crouler votre ruine du quai d'Orsay avec ses lourds cintres et ses vilaines colonnes engagées ! laissez crouler votre palais de la chambre des députés, qui ne demandait pas mieux ! N'est-ce pas une insulte au lieu dit École des beaux-arts que cette construction hybride et fastidieuse dont l'épure a si longtemps sali le pignon de la maison voisine, étalant effrontément sa nudité et sa laideur à côté de l'admirable façade du château de Gaillon ? Sommes-nous tombés à ce point de misère qu'il nous faille absolument admirer les barrières de Paris ? Y a-t-il rien au monde de plus bossu et de plus rachitique que votre monument expiatoire (ah çà, décidément, qu'est-ce qu'il expie ?) de la rue de Richelieu ? N'est-ce pas une belle chose, en vérité, que votre Madeleine, ce tome deux de la Bourse, avec son lourd tympan qui écrase sa maigre colonnade ? Oh ! qui me délivrera des colonnades !

De grâce, employez mieux nos millions.

Ne les employez même pas à parfaire le Louvre. Vous voudriez achever d'enclore ce que vous appelez le parallélogramme du Louvre. Mais nous vous prévenons que ce parallélogramme est un trapèze ; et pour un trapèze, c'est trop d'argent. D'ailleurs, le Louvre, hors ce qui est de la renaissance, le Louvre, voyez-vous,

---

1   *Notre-Dame de Paris.*

n'est pas beau. Il ne faut pas admirer et continuer, comme si c'était de droit divin, tous les monuments du dix-septième siècle, quoiqu'ils vaillent mieux que ceux du dix-huitième, et surtout que ceux du dix-neuvième. Quel que soit leur bon air, quelle que soit leur grande mine, il en est des monuments de Louis XIV comme de ses enfansts. Il y en a beaucoup de bâtards.

Le Louvre, dont les fenêtres entaillent l'architrave, le Louvre est de ceux-là.

S'il est vrai, comme nous le croyons, que l'architecture, seule entre tous les arts, n'ait plus d'avenir, employez vos millions à conserver, à entretenir, à éterniser les monuments nationaux et historiques qui appartiennent à l'état, et à racheter ceux qui sont aux particuliers. La rançon sera modique. Vous les aurez à bon marché. Tel propriétaire ignorant vendra le Parthénon pour le prix de la pierre.

Faites réparer ces beaux et graves édifices. Faites-les réparer avec soin, avec intelligence, avec sobriété. Vous avez autour de vous des hommes de science et de goût qui vous éclaireront dans ce travail. Surtout que l'architecte-restaurateur soit frugal de ses propres imaginations ; qu'il étudie curieusement le caractère de chaque édifice, selon chaque siècle et chaque climat. Qu'il se pénètre de la ligne générale et de la ligne particulière du monument qu'on lui met entre les mains ; et qu'il sache habilement souder son génie au génie de l'architecte ancien.

Vous tenez les communes en tutelle, défendez-leur de démolir.

Quant aux particuliers, quant aux propriétaires qui voudraient s'entêter à démolir, que la loi le leur défende ; que leur propriété soit estimée, payée et adjugée à l'état. Qu'on nous permette de transcrire ici ce que nous avons déjà dit à ce sujet dans notre première Note sur la destruction des monuments : « Il faut arrêter le marteau qui mutile la face du pays. Une loi suffirait. Qu'on la fasse. Quels que soient les droits de la propriété, la destruction d'un édifice historique et monumental ne doit pas être permise à ces ignobles spéculateurs que leur intérêt aveugle sur leur honneur ; misérables hommes, et si imbéciles qu'ils ne comprennent même pas qu'ils sont des barbares ! Il y a deux choses dans un édifice : son usage et sa beauté. Son usage appartient au propriétaire, sa beauté à tout le monde, à vous, à moi, à nous tous. Donc, le détruire c'est dépasser son droit. »

Ceci est une question d'intérêt général, d'intérêt national. Tous les jours, quand l'intérêt général élève la voix, la loi fait taire les glapissements de l'intérêt privé. La propriété particulière a été souvent et est encore à tous moments modifiée dans le sens de la communauté sociale. On vous achète de force votre champ pour en faire une place, votre maison pour en faire un hospice. On vous achètera votre monument.

S'il faut une loi, répétons-le, qu'on la fasse. Ici, nous entendons les objections s'élever de toutes parts : — Est-ce que les chambres ont le temps ? — Une loi pour si peu de chose !

Pour si peu de chose !

Comment ! nous avons quarante-quatre mille lois dont nous ne savons que faire, quarante-quatre mille lois sur lesquelles il y en a à peine dix de bonnes. Tous les ans, quand les chambres sont en chaleur, elles en pondent par centaines, et, dans la couvée, il y en a tout au plus deux ou trois qui naissent viables. On fait des lois sur tout, pour tout, contre tout, à propos de tout. Pour transporter les cartons de tel ministère d'un côté de la rue de Grenelle à l'autre, on fait une loi. Et une loi pour les monuments, une loi pour l'art, une loi pour la nationalité de la France, une loi pour les souvenirs, une loi pour les cathédrales, une loi pour les plus grands produits de l'intelligence humaine, une loi pour l'œuvre collective de nos pères, une loi pour l'histoire, une loi pour l'irréparable qu'on détruit, une loi pour ce qu'une nation a de plus sacré après l'avenir, une loi pour le passé, cette loi juste, bonne, excellente, sainte, utile, nécessaire, indispensable, urgente, on n'a pas le temps, on ne la fera pas ! Risible ! risible ! risible !

VICTOR HUGO.

ISBN : 978-3-96787-115-9

CPSIA information can be obtained
at www.ICGtesting.com
Printed in the USA
BVHW030008221119
564501BV00002B/605/P